LA SEMAINE

MÉMORABLE,

OU

RÉCIT EXACT

De ce qui s'est passé à Paris depuis
le 12 jusqu'au 17 Juillet.

---

24 Juillet 1789.

N. B. *Cette Relation eſt particulièrement deſtinée pour les Provinces. Les
braves Citoyens de Paris n'ont pas beſoin
qu'on leur retrace des faits qui reſteront
à jamais gravés dans leur mémoire & dans
leurs cœurs.*

LA SEMAINE

MÉMORABLE,

O U

RÉCIT EXACT

De ce qui s'est passé à Paris depuis le 12 jusqu'au 17 Juillet.

Tout le monde se souvient du jour de la Séance Royale, qui fut, tout-à-la-fois, un jour de deuil pour Versailles & Paris, & un jour de triomphe pour M. Necker. Ce triomphe lui étoit dû; mais le fort lui en préparoit un plus beau. Les ennemis de la France, en voulant perdre ce Ministre, se sont perdus eux-mêmes; ils reçoivent aujourd'hui le juste prix de leur bassesse & de leurs perfides complots.

A 2

Lorfqu'on fut à Paris, le 24 Juin, que M. Necker reftoit dans le Miniftère, on ne put que fe livrer à la joie. Elle étoit particulièrement fondée fur cet efpoir, que les confeils d'un Miniftre vertueux rendroient inutiles les efforts redoublés de la cabale qui inveftiffoit le Trône. Dans cette confiance, les Habitans de la Capitale jouiffoient du calme qui y étoit rétabli; mais ce calme n'a pas été long. L'arrivée fucceffive des troupes a bientôt fait renaître les allarmes. Malgré les paroles de paix données à l'Affemblée Nationale & aux Citoyens de Paris, on ne pouvoit pas être tranquille : on avoit trop appris à fe défier des Miniftres perfides qui, chaque jour, trompoient le Roi & la Nation. On favoit d'ailleurs que les Ariftocrates ne fe laffoient point de cabaler. Leur projet étoit d'allumer le flambeau de la guerre civile, afin de pouvoir égorger à leur aife leurs concitoyens & leurs frères. L'évènement n'a que trop juftifié ces craintes qu'avoient tous les bons Citoyens.

Le 12 Juillet, au moment où on devoit croire M. Necker plus affermi que
jamais dans le Ministère, on apprend
qu'il est disgracié; on dit même qu'il a
reçu ordre de sortir du Royaume, &
qu'il est déja parti. Cette nouvelle se ré-
pand dans la Capitale à onze heures du
matin : la moitié de Paris en doute; mais
à quatre heures après-midi la nouvelle se
confirme, & cet évènement devient une
calamité publique. Tous les Citoyens
rassemblés aax Spectacles se retirent : on
en ferme les portes, & chacun va gémir
avec ses frères des malheurs dont la
France est menacée. On se représente
déja les troupes avançant vers Paris.
La bonté connue du Roi ne rassure pas
les meilleurs Citoyens. Il est trompé,
disent-ils; on nous a calomniés auprès
de lui, & nous avons tout à redouter de
la fureur de ceux qui l'entourent. Deux
heures, à-peu-près, se passent dans ces
craintes. A sept heures on entend des
coups de fusil à la Place Louis XV; ce

font quelques foldats effrénés qui ont l'audace de tirer fur le peuple. On veut fe réfugier aux Tuileries : le Prince de Lambefc entre à cheval avec fa troupe dans ce jardin , & fait fuir les femmes & les enfans; il donne un coup de fabre à un vieillard de 66 ans qui fe trouve fur fon paffage. On apprend bien vîte qu'un Garde Françaife a été tué pour avoir voulu défendre les Citoyens. Sa mort devient le fignal de la guerre civile. Paris change tout-à-coup de face. A l'a-battement & à la douleur fuccèdent l'in-dignation & le défefpoir. Le peuple court en foule dans toutes les rues, en criant : *Aux armes, aux armes.* Les femmes tremblantes répètent ces cris en rentrant dans leurs maifons. Les boutiques des Armuriers font enfoncées. On fe porte dans tous les lieux où on foupçonne qu'il y a des armes; malheureufement ce font des gens de la plus vile populace qui s'en emparent; les honnêtes Citoyens voyent de tous côtés leur vie en danger.

Mais bientôt les Electeurs de Paris fe rendent à l'Hôtel-de-Ville ; le Corps municipal fe joint à eux, & on convoque fur le champ les Affemblées des Diſtricts, où tous les Habitans de la Capitale arrivent en foule, appellés par les cloches & par l'impatience de défendre leurs foyers. Ils paffent la nuit à délibérer fur les mefures qu'il convient de prendre dans une circonftance auffi orageufe. Pendant ce tems, le Peuple en armes traverfe toutes les rues avec des torches allumées : il parle de faccager, de brûler le Temple, le Palais Bourbon, l'Hôtel-Bretonvilliers, &c. des Citoyens courageux lui en impofent, & font affez heureux pour contenir fa fureur (1).

---

(1) Je connois un étranger très-eſtimable, qui, dans cette nuit, a été arrêté trois fois, & qu'on a obligé, le poignard fous la gorge, de marcher, pendant deux heures, avec une torche à la main.

Le 13, il se forme à l'Hôtel-de-Ville un Comité permanent, composé des Officiers municipaux & de quatorze Electeurs. M. de Flesselles, Prevôt des Marchands, le préside; & M. le Marquis de la Salle, un des Electeurs, est nommé Commandant de la Milice Parisienne. Ce Comité dirige toutes les opérations nécessaires pour assurer la défense & la tranquillité de la Capitale. On cherche des armes & des munitions de tous côtés, on s'occupe des subsistances, & on arrête qu'il ne sera permis à aucune personne ni à aucune voiture de sortir de Paris. On visite toutes celles qui entrent. Cependant les Districts restent toujours assemblés. Chacun d'eux met sur pied plusieurs Compagnies de Milices; elles sont formées des Citoyens de toutes les classes; il n'en est pas un qui ne brigue l'honneur d'y entrer. Tous s'empressent d'aller se faire inscrire dans leurs Districts ou à l'Hôtel-de-Ville, pour avoir un poste & des armes. Il est impossible

de

de se peindre le mouvement qui règne alors dans Paris, & l'aspect imposant des rues. Nulle voiture, nulle boutique ouverte. Tous les quartiers remplis de gens armés, les uns tumultueusement assemblés, les autres marchant en ordre, avec des tambours, des trompettes, & conduits par des Compagnies entieres de Gardes-Françaises. Ces braves Soldats, tout en se dévouant à la défense de la Patrie, contiennent la populace, préviennent autant qu'ils peuvent les désordres, & établissent la discipline. Les Milices sont bientôt rassemblées & en ordre; mais comme elles ne peuvent pas être par-tout, le Peuple se permet quelques excès : il ouvre les prisons de la Force, s'empare des armes du Garde-Meuble, & saccage le Couvent des Lazaristes, rue du Faubourg Saint-Denis. Ces Peres avaient des magasins considérables de farine & de bled : tout est porté avec ordre à la Halle, pour y être vendu au profit des pauvres. Les Moines font forcés d'accompagner eux - mêmes les voitures.

Dès l'après-midi, la police commence à s'etablir au milieu du défordre. On peut fortir fans danger, pourvu qu'on ait une cocarde verte au chapeau. Des Patrouilles font la ronde dans tous les quartiers ; on arrête les vagabonds, les malfaiteurs, & on les conduit en prifon.

C'eft ainfi que fe paffe la journée du 13, qui en préparoit une bien défaftreufe.

L'Affemblée Nationale, apprenant à Verfailles la pofition critique de la Capitale, députe quelques-uns de fes Membres vers le Roi, pour l'en inftruire, & pour le fupplier de retirer fes troupes. Elle arrête en même-temps une autre députation pour Paris, qui ne doit avoir lieu que dans le cas où la réponfe du Roi feroit favorable ; mais cette réponfe eft finiftre. Les Repréfentans de la France n'ont aucun mot de paix à porter aux malheureux Habitans de la première Ville du Royaume : les voilà livrés à eux-mêmes & à leur défefpoir ; & la nuit, qui vient redoubler leurs allarmes, ajoute encore à leur fituation horrible.

Le 14, ils s'occupent plus que jamais des moyens de fe défendre contre les entreprifes des troupes qui les invef-tiffent ; mais les armes, les munitions leur manquent : le courage y fupplée ; ils vont enlever les canons & les fufils des Invalides : quoique tous les diftricts y arrivent en ordre, l'ardeur de s'armer eft telle, qu'on fe jette en foule dans les caves où font les fufils : plufieurs braves Citoyens font étouffés. Après cette expédition, les Milices viennent en triomphe au Palais Royal, & de là fe rendent, par la rue Saint-Honoré, à l'Hôtel-de-Ville, où les armes font dépofées. On tranfporte les canons par-tout où ils peuvent être utiles : on en place à l'entrée des fauxbourgs , fur Montmartre , aux Tuileries , fur les ponts & les quais ; les principales rues font barricadées.

Avec les canons on voit arriver des voitures confidérables de farine & de bled. On apprend en même-tems qu'on s'eft emparé, la veille, d'un bateau chargé de poudres : dès ce moment toute allarme & toute crainte ceffent ; les rues retentiffent de *bravo* & d'acclamations , elles font hériffées de bayonnettes & de piques ; à peine voit-on un feul homme qui ne foit point armé , & il n'y en a pas un feul qui n'ait une cocarde ; fans cette marque diftinctive fa vie feroit en danger (1).

---

(1) Le jour précédent, on ne portoit que des cocardes vertes : mais quelqu'un ayant dit à l'Hôtel de Ville que cette couleur étoit celle de M. le Comte d'Artois, elle a été regardée auffi-tôt comme infâme ; & dans tout Paris, en moins d'une heure, les cocardes vertes ont été changées en cocarde rofe & bleu.

Il étoit impoſſible qu'avec des armes & l'amour de la liberté, l'ardeur des Pariſiens pût ſe contenir. Tout le monde penſe à la Baſtille, & déſire qu'on en faſſe le ſiége. Cette expédition a lieu l'après-midi. Pour éviter l'effuſion du ſang, M. le Procureur du Roi de la Ville entre dans ce château en Parlementaire, & propoſe au Gouverneur des articles de capitulation; il ne peut rien obtenir: alors commence l'attaque. Dans le premier moment, les Milices Pariſiennes ne tirent que des coups de fuſils; mais les canons arrivent bientôt : on diſpoſe pluſieurs batteries. Le feu commençoit à rouler, lorſqu'on apperçoit un pavillon blanc ſur un baſtion, & les ponts de la Baſtille s'abattre. Les Pariſiens jugeant, avec raiſon, que M. de Launay ſe rendoit, entrent en foule dans la premiere cour; mais le pavillon diſparoît, les ponts ſont relevés, & le lâche & infâme Gouverneur de la Baſtille fait tirer ſur les braves gens qui ſont entrés. Il eſt bientôt

puni de fon atrocité : demi-heure après la
Baſtille eſt priſe (1); on conduit Launay

---

(1) Un inſtant auparavant, le ſieur de Launay
avoit fait dire aux aſſiégeans qu'il avoit deux
millions de poudre, & qu'il étoit décidé à faire
ſauter la Baſtille, ſi on ne ſe retiroit pas. L'offi-
cier de Milice Pariſienne, qui commandoit
l'attaque, répond ; *Nous n'avons pas deux
millions de poudre, mais nous avons du ſang
Français, continuez.*

Après la reddition du Fort, le feu a pris à un
bâtiment, qui n'étoit pas fort éloigné des poudres. Un Chevalier de Saint-Louis, marchant
à la tête de ſon diſtrict, y entroit en ce moment. On l'avertit du danger. Il s'arrête, & dit
qu'il ſeroit déſeſpéré de ſacrifier les cent
cinquante braves gens qui l'accompagnent : puis
il ajoute, en leur adreſſant la parole : *Meſſieurs,
ſi quatre ou ſix ſeulement d'entre vous veulent
me ſuivre, nous entrerons, & nous ſauverons
peut - être les voiſins.* Alors tous s'empreſſent
autour de lui, & le détachement entier entre à
la Baſtille.

Qu'on compare ces traits vraiment héroïques
à la lâcheté du ſieur de Launay, & à la foi-

& tous ſes ſatellites à la Grêve: on tranche
la tête à cet abominable homme & au Sous-

---

bleſſe qu'ont montré ces jours-ci deux très-
grands Seigneurs.

L'un eſt le Duc du Châtelet. Le lundi 13,
voulant ſe rendre à Verſailles *incognitò*, il
traverſe la Seine dans le bacq qui eſt vis-à-vis
les Invalides. Quoique déguiſé, il eſt reconnu,
On fait auſſi-tôt une motion pour le jetter à l'eau.
Mais quatre ſoldats aux Gardes, qui ſe trou-
voient dans le bacq demandent ſa grace, & l'obtiennent. Le Duc avoit ſi grand peur de perdre
la vie, qu'il diſoit à MM. du Tiers-Etat : *Meſ-*
ſieurs, j'ai toujours défendu votre cauſe, & je
la défendrai toujours ; je n'ai jamais penſé au-
trement que vous, &c. &c.

L'autre grand Seigneur, eſt le Prince de Mont-
barey. Tout le monde ſait qu'arrêté & conduit à l'Hôtel-de-Ville, il y a reſté près de
quatre heures, entre la vie & la mort. Dans
un moment où pluſieurs bayonnettes brilloient
trop près de lui, il a mis la main ſur ſon
cordon, & a dit : *Meſſieurs, ſi ce ſont ces*
marques d'honneur qui vous offenſent, je ſuis

Gouverneur ; on pend deux canonniers. On fe difpofoit à faire juftice des autres, lorfque vingt mille voix s'élèvent, & demandent grace pour le refte de la garnifon. Cette grace eft accordée. Les Invalides, Officiers & Soldats, font relâchés, & on envoie au camp du Champ de Mars les petits Suiffes, en leur difant : *Apprenez à vos camarades la manière dont vous avez été traités, & faites-leur connoître le peuple qu'on veut leur faire égorger.*

Il ne faut pas demander fi les prifonniers de la Baftille (1) font mis en liberté :

---

prêt à les dépouiller & à les fouler à vos pieds devant vous.

Voilà la fermeté & la bravoure de nos Ariftocrates. Ces gens-là ne favent pas mourir, ils ne favent que confpirer.

(1) Les troupes qui ont fait le fiége de la Baftille, étoient mêlées de Gardes Françaifes & de Milices Parifiennes. C'eft un Grenadier qui arbora le premier le pavillon citoyen. Le

il ne s'en eſt pas trouvé un grand nombre ;
mais il y en avoit deux qui y étoient depuis trente & quarante ans. On les pro-
mène en triomphe dans tout Paris : de

Peuple a décoré ce brave homme d'un cordon
bleu , & lui a donné la Croix de Saint-
Louis du Gouverneur.

Un Horloger, nommé Humbert , natif de
Langres , jeune homme du plus grand courage ,
bravant tous les dangers , monta le premier ſur
les tours ; mais ſongeant plutôt au péril de ſes
frères qu'au ſien propre, il força un *petit Suiſſe,*
à qui il venoit d'accorder la vie , de le condui-
re au canon dirigé contre les Citoyens. Il s'en
fallut peu que cet acte de prudence & d'héroïſme,
ne lui coûtât la vie : comme il avoit une épau-
le ſous le canon pour le démonter , une balle le
jette à terre. Le petit Suiſſe, ſon guide , touché
de pitié , déchira auſſi-tôt ſa chemiſe , lui panſa
généreuſement ſa bleſſure , & le porta ſur ſes
épaules auprès de nos Concitoyens. On le tranſ-
porta aux Minimes ; là , le Chirurgien Major
tira de ſon cou la balle , dont il avoit été bleſſé.

C

l'Hôtel-de-Ville on les conduit au Palais Royal , avec les mêmes habits qu'ils avoient dans la prifon. Avant ce fpectacle touchant , on en avoit vu un terrible & bien propre à intimider les Miniftres pervers ; c'eft celui des deux têtes coupées , qui avoient été expofées dans toute la Ville aux regards des Citoyens armés : on les a montrées , pendant une demi-heure , au Palais Royal.

Dans le temps qu'on canonnoit la Baftille , & qu'on ignoroit dans Paris quel feroit le fuccès de cette expédition , on voit arriver du fauxbourg Saint-Honoré plufieurs compagnies entières de Gardes Françaifes , marchant avec leurs tambours , leurs canons , des chariots de munitions , &c. On fe demande où ils vont : ils font feuls , & point mêlés de Gardes Bourgeoifes ; ils n'ont aucun de leurs Officiers. Plufieurs perfonnes penfent qu'ils marchent au fecours des affiégeans ; d'autres craignent que ce ne foit une rufe du Gouvernement pour fauver

la Baftille ; mais ces craintes font bientôt diffipées : on apprend que ces braves
gens , retenus dans leurs cafernes par
leurs Officiers , venoient de les forcer
pour fe rendre à l'Hôtel-de-Ville , & pour
y offrir leurs bras aux Concitoyens ,
en fe mettant fous leur fauve-garde.

Enfin, la journée fe termine par une
juftice éclatante. M. de Fleffelles , Prévôt
des Marchands , étoit un traître ; il atti-
roit toutes les armes & toutes les munitions à l'Hôtel-de-Ville pour les livrer
au Gouvernement. Il eft convaincu de
cette trahifon : on lui tranche la tête ;
mais on ne juge pas cette tête digne feu-
lement d'être préfentée au peuple ; on fe
contente de la fouler aux pieds.

M. le Comte de Noailles , témoin de
ces fcènes fanglantes , court à toutes
brides à Verfailles. Il fe rend à l'Affemblée Nationale, & déchire tous les cœurs
par le récit touchant des défaftres de la
Capitale : on arrête auffi-tôt une députation au Roi ; il eft un des Députés.

Il dit à Sa Majesté ce qu'il a vu , & lui expose les malheurs dont la Capitale est menacée : le Roi paroît attendri ; mais sa réponse est seche & vague.

Dans cet instant, des Députés du Comité de Police de Paris arrivent à la salle nationale ; ils racontent de nouveaux malheurs : l'Assemblée est consternée ; plusieurs Membres fondent en larmes : on se demande quel parti il faut prendre. Le cœur du Roi est assiégé ; il est prévenu contre les Représentans mêmes de la Nation : n'importe, la justice & la bonté naturelle du Monarque les encourage ; ils ne se lasseront jamais de les réclamer. Une nouvelle députation est nommée ; elle part avec l'espoir de rapporter à l'Assemblée quelque parole de paix & de conciliation. Cet espoir est vain : les Députés sont reçus, mais n'obtiennent rien ; ils vont en gémissant porter à l'Assemblée la derniere réponse du Roi. Quand on l'entendit, il n'y eut qu'un cri d'indignation & de désespoir. Les objets de cette indignation étoient les Miniſtres du Prince, & tous ceux qui, dans leur coupable aveuglement & leur méchanceté obſtinée, ſe faiſoient alors un jeu de perdre la France.

Cependant, les allarmes redoublent à Paris, ſes malheureux Habitans ſe préparent à recevoir l'ennemi dans la nuit. Les rues ſont éclairées par des lampions placés aux fenêtres des premiers étages. On met des patrouilles partout, des vedettes à tous les poſtes. La conſternation eſt générale ; mais il n'eſt pas un Citoyen qui ne ſoit décidé à vendre ſa vie chérement.

On aſſure que la Ville devoit être attaquée cette nuit même, dans trois endroits à la fois, à Montmartre, par M. *Bezenval*, à la barrière de Sève, par M. *d'Autichamps*, & au Faubourg Saint-Honoré, par le gros de l'armée, le Maréchal *de Broglie* à la tête : trois fuſées tirées au-même inſtant, devoient ſervir de ſignal. On devoit placer des batteries de canons confidérables , à Montmartre , & à Ménil-Montant, & de-là tirer à boulet rouge, fur la Ville , & la bombarder , en cas de réfiftance. Ce Projet infernal n'a pas été exécuté, parce que la loyauté des troupes Françaifes ne leur a pas permis d'obéir ; elles n'ont pas voulu maffacrer leurs compatriotes.

C'eft ce qui a fait changer fi promptement les difpofitions à la Cour.

Le lendemain matin , 15 , au moment où l'Affemblée Nationale fe difpofoit à envoyer une députation au Roi , on voit arriver dans la falle ce bon Prince , feul & fans gardes , accompagné fimplement de fes deux frères. Il dit aux Députés , qu'il vient fe mettre au milieu de fon Peuple , & demander des confeils à l'Assemblée Nationale. « J'ai donné ordre aux troupes , ajou-
» te-t-il, de s'éloigner de Paris & de
» Verfailles. Je vous autorife & vous
» invite même à faire connoître mes

» difpofitions à la Capitale ». A ces mots, des cris de joie & d'acclamations fe font entendre de toutes parts dans la falle & au dehors. Le Roi fort , foutenu, porté par les Députés. Il fe rend ainfi à pied au Château, fuivi d'un Peuple immenfe qui le comble de bénédictions.

L'Affemblée Nationale nomme fur-le-champ une députation de quatre-vingt Membres , pour aller porter cette heureufe nouvelle à l'Affemblée générale des Electeurs de Paris, réunis à l'Hôtel de Ville , M. le Duc d'Orléans expédie un courier qui arrive au Palais Royal à une heure , & qui met la joie dans tous les cœurs. Il en vient bientôt d'autres , qui tous apportent la même nouvelle. Cependant beaucoup de perfonnes doutent encore , & ont befoin de voir la députation de Verfailles , pour croire à un changement fi inattendu. Elle arrive enfin. Les quatre-vingt Députés defcendent de voiture à la Place Louis XV, & fe rendent proceffionnellement , & en habit de cérémonie à l'Hôtel de Ville, précédés & fuivis par les Milices Bourgeoifes, qui ont combattu fi glorieufement pour la liberté. Ils marchent quatre à quatre, mélés enfemble, & fans autre diftinction que le coftume. Le Peuple innombrable de la Capitale fe porte en foule fur leur paffage, & fait retentir les airs de cris de *vive la Nation*, *vive le Roi*, *vive les Députés*. Les Députés y répondent par des battemens de mains redoublés. La joie eft univerfelle : on eft dans l'ivreffe & l'enchantement : on ne fait fi c'eft une fête donnée à la Nation ou à fes Repréfentans. De part & d'autre, on a montré le même courage ; on a le même amour pour la Patrie & pour le Roi, avec la même ardeur pour la liberté. Ce jour eft fon triomphe. Quel eft celui dont le cœur pourroit n'être pas ému par un fpectacle auffi fublime & auffi touchant.

Cependant, les Députés entrent dans la grand'falle de l'Hôtel-de-Ville, & s'y s'y affeoient ; M. le Marquis *de la Fayette*, M. l'Archevêque de Paris, M. le Comte *de Clermont - Tonnerre* prennent fucceffivement la parole. M. le Marquis *de la Fayette* préfidoit la députation : Il dit qu'en venant porter, de la part du Roi, à fon Peuple, des paroles de paix, il efpéroit lui rapporter auffi la paix dont fon cœur a befoin. M. Moreau de Saint-Méry répond, que la ville de Paris accepte avec tranfport la paix & la tranquillité que le Roi lui envoye. Il invite les Citoyens de la Capitale, à oublier les fautes de ceux qui ont pu manquer aux devoirs que leur impofoit la Patrie, & à pardonner, même à ceux qui ont eu le malheur de verfer le fang de leurs Conictoyens. C'eft au moment, ajoute-t-il, du triomphe de la liberté, qu'il convient d'être généreux : les coupables feront affez punis en nous voyant jouir du bien dont ils vouloient nous priver.

D

Après ce difcours , M. le Marquis de la Fayette eft proclamé par un cri una-nime , Commandant en chef de la Mi-lice Parifienne. Le même cri général nomme M. Bailly , Prévôt des Mar-chands. Des couronnes de laurier leur font diftribuées. M. le Comte de Lally en reçoit une particulière pour prix de l'éloge qu'il a fait de la conduite des Gardes - Françaifes. Ces braves foldats fe préfentent avec leurs drapeaux , & adreffent au Préfident quelques phrafes qui ne font point entendues.

Pendant que ces fcènes intéreffantes fe paffent à l'Hôtel-de-Ville , le Héros-Grenadier, qui , la veille , a le premier efcaladé le fort de la Baftille , eft con-duit en triomphe au Palais-Royal dans un beau wiski , ayant une couronne de fleurs fur la tête , un cordon bleu & la croix de Saint-Louis.

En fortant de l'Hôtel de Ville , les Députés vont à la Cathédrale pour re-mercier le Ciel du rétabliffement de la paix; on chante à la même heure le *Te Deum* dans toutes les Eglises. Les Citoyens s'y rendent en foule pour célébrer une journée auſſi fortunée & auſſi glorieuſe ; & le ſon des cloches va porter dans les airs l'expreſſion de leur joie. Cependant ils ſongent bientôt à la contenir ; ils ſe rappellent que , dans le diſcours prononcé par le Roi à l'Aſſemblée Nationale , il n'eſt pas queſtion du renvoi des Miniſtres ; & tant que ces Miniſtres pervers entourent le trône, Paris ſe croit en danger. D'ailleurs les troupes ſont encore aux portes de la Capitale. Les villages voiſins ne peuvent les contenir. Il en arrive de tous côtés , & à chaque heure du jour & de la nuit. Le Chef qui les commande , furieux de n'avoir pas joué un rôle , peut , ſous quelque prétexte , & malgré ce qui s'eſt paſſé , ſurprendre un ordre du Roi. Il eſt donc prudent de ſe tenir ſur ſes gardes, & en état de défenſe. Ces idées font ſuccéder la défiance à la joie.

Chacun refte ou retourne à fon pofte. Les patrouilles font doublées ; les ordres les plus févères font donnés dans tous les diftricts , pour qu'on ne fe relâche point de la difcipline obfervée jufqu'à ce moment. Plufieurs particuliers avoient illuminé leurs maifons jufqu'aux toits. On fait éteindre ces lumières , en difant que le moment de fe réjouir n'eft pas encore venu. Quand viendra-t-il donc ? Faudra-t-il toujours fe livrer à la crainte & aux allarmes ? Ce fentiment eft pénible pour des Français qui aiment & qui eftiment leur Roi. On paffe la nuit & le jour fuivant dans ces perplexités ; vingt-quatre heures après les actions de graces rendues à la Cathédrale , on doute encore s'il faut croire au retour de la paix. Les Miniftres font toujours à Verfailles. Enfin le Roi fe décide à les renvoyer. A peine font-ils partis , que la barrière d'airain qu'ils avoient élevée entre le Prince & fes fujets , tombe d'elle-même. Le cœur du Roi eſt acceſſible à tous les ſentimens que peut inſpirer à un Monarque vertueux l'amour de ſon Peuple. Louis XVI ne ſe contente pas de rendre la paix aux habitans de ſa bonne Ville de Paris ; il veut venir en célébrer le retour avec eux. C'eſt un père qui veut rendre viſite à ſes enfans.

Le Comité de l'Hôtel-de-Ville en eſt inſtruit par une députation de l'Aſſemblée Nationale, qui lui annonce que le Roi vient à Paris le lendemain 17. Qui peut rendre les tranſports d'allégreſſe que cette heureuſe nouvelle fit naître dans tous les cœurs des Habitans de la Capitale ? & qui peindra jamais les témoignages touchans d'amour & de reſpect que les Pariſiens donnèrent à leur Roi le jour ſuivant, jour mémorable & glorieux pour la France ?

Le Roi part de Verſailles dans une voiture fort ſimple, où ſont avec lui MM. le Prince *de Beauveau*, le Duc *de Villeroy*, le Duc *de Villequier*, & le

Comte *d'Eflaing*. Cent cinquante mille Citoyens fous les armes forment deux haies de Verfailles à Paris.

C'eft au milieu de cette Milice brillante, fans autres Gardes que les cœurs de fes fidèles Sujets, que le Roi fe rend dans la Capitale. A fon arrivée à la Place Louis XV, il eft reçu par les Electeurs de Paris & par le Corps Municipal : M. Bailly, qui eft à leur tête, lui remet les clefs de la Ville. Bientôt on apprend qu'il va y faire fon entrée. Tous les cœurs volent au-devant de lui. Qu'on ne s'attende pas à le voir entouré de ce cortège ordinaire qui en impofe peut-être à la multitude, mais qui ne fert qu'à rendre les Rois inacceffibles à leurs Sujets. Louis XVI n'en a pas befoin. Seul, avec fon Peuple, il eft plus grand mille fois qu'au milieu de fa Cour, & fon entrée n'en eft que plus pompeufe & plus brillante ; elle offre un fpectacle unique & touchant, qui ne peut jamais être oublié par ceux qui en ont été les heureux témoins. La Garde entière de Paris, des femmes portant des rameaux d'olivier, une Cavalerie nombreuſe, formée de la plus belle jeuneſſe, le Régiment des Gardes, les Electeurs de la Capitale, & les Repréſentans de la Nation, voilà ce qui précède & accompagne la voiture du Roi-citoyen. Quel glorieux cortège ! en vit-on jamais un ſemblable ? L'air retentit du bruit du canon, des cloches & des tambours ; mais on n'entend que les cris de joie d'un peuple immenſe, qui répète, mille & mille fois : Vive la Na-tion ! vive le Roi !... Vive le Roi ! vive la Nation !

C'eſt parmi ces acclamations que le Roi arrive à la grand'Salle de l'Hôtel-de-Ville, où on a élevé un trône à ſon patriotiſme & à ſes vertus. A peine eſt-il aſſis, qu'il veut exprimer la joie qu'il a de ſe voir au milieu de ſon Peuple. Mais les douces émotions que ſon cœur éprouve, ne lui permettent pas de par-ler. Il prie M. Bailly d'être l'interprête

de ses sentimens, & de dire à l'Assemblée, qu'il regarde ce jour comme le
plus beau jour de sa vie.

M. *Moreau de Saint-Méry*, Président
des Electeurs, adresse à Sa Majesté un
discours plein de noblesse & de sensibi-
lité. M. le Comte *de Lally - Tolendal*
parle ensuite, & après avoir intéressé,
tous les cœurs par le tableau touchant
des bienfaits du Roi & de la reconnois-
sance de la Nation : « SIRE, ajoute-t-il,
» vous les voyez ces, Sujets généreux &
» sensibles qui vous idolâtrent : écoutez
» leurs réclamations ; lisez sur leurs
» visages ; pénétrez dans leurs cœurs,
» vous n'y verrez que l'expression de
» l'amour & de la fidélité : il n'en est
» pas un seul qui ne soit prêt à verser
» pour vous jusqu'à la derniere goutte
» de son sang ». A ces derniers mots,
tous ceux qui remplissent la salle, levent
la main à-la-fois, & ce geste sublime &
inattendu, dit assez que leurs cœurs &
leurs vies sont à leur Roi. Ce Prince est

touché

touché d'un témoignage d'amour auſſi beau : on voit couler de ſes yeux des larmes de joie & d'attendriſſement.

C'eſt alors que M. Bailly lui préſente une cocarde ſemblable à celle que portent tous les Citoyens. Le Roi la met à ſon chapeau, ſe couvre ; & ſe montrant à une croiſée, témoigne ſa joie à ſon Peuple. De nouvelles acclamations ſe font entendre. Chacun ſe dit, *le Roi a la cocarde.* Quel moment glorieux, quel heureux moment, pour le Prince & pour ſes ſujets ! Il n'y a pas trois jours que cette cocarde étoit le ſignal du déſeſpoir & de la mort ; & elle devient aujourd'hui le gage d'une alliance éternelle entre le Trône & la Nation.

M. Bailly a peint en deux mots ce grand événement, en diſant au Roi, lorſqu'il eſt entré à Paris : *Sire, j'apporte à Votre Majeſté les clefs de ſa bonne Ville de Paris ; ce ſont les mêmes qui ont été préſentées à Henri IV ; il avoit reconquis ſon Peuple, ici ce'ſt le Peuple qui a reconquis ſon Roi.*

E

Notes particulières.

1. Il eſt bon d'apprendre aux Citoyens des Provinces, l'effet merveilleux qu'a produit ici la journée du 14. On l'appelle auſſi la journée des miracles. Dès le lendemain 15, il s'eſt fait un changement total dans les eſprits. M. *de Croſne*, Lieutenant de Police, envoye ſa démiſſion au Comité de l'Hôtel de Ville. M. le Baron d'Ogny, craignant qu'on ne ſoupçonne quelque abus de confiance à la Poſte, fait prier le même Comité de nommer des Electeurs pour préſider au départ & à la diſtribution des lettres. De très-grands Seigneurs ſe font inſcrire dans leurs diſtricts. Quelques-uns montent la garde bourgeoiſe. A Verſailles, les Membres de la majorité de la Nobleſſe & de la minorité du Clergé, déclarent qu'ils levent eux-mêmes toutes leurs proteſtations & toutes leurs réſerves contre la réunion en-

tière. Auffi quelques plaifans cruels di-
rent que la fameufe queftion de la dé-
libération par Ordre ou par tête , vient
d'être décidée à jamais par les Bour-
geois de Paris.

2. On eft maintenant occupé à dé-
molir la Baftille. Tout Paris va vifiter
cet ancien Boulevard du defpotifme mi-
niftériel. Chacun veut avoir la gloire
d'en abattre une pierre. Comme, au moment de la reddition de ce fort , on n'a
pas fongé à enlever les archives , elles
ont été livrées au Public. Il y a des
pièces fort intéreffantes , qui font entre les mains de tout le monde ; des
regiftres fur-tout qui font foi des atro-
cités commifes par les Miniftres fous
les règnes de Louis XIV & de Louis XV.
On en jugera par les articles fuivans ,
extraits fidelement d'un de ces regiftres,
où regne le plus grand ordre , & où
fe trouvent écrits, fur différentes colon-
nes , les noms des détenus , le tems &
le fujet de leurs détentions , avec les

noms des Miniſtres qui ont ſigné l'ordre de leur entrée & de leur ſortie. Ce ſont ſur-tout les ſujets de détention qu'on a jugé à propos de recueillir , parce qu'ils ſont quelquefois accompagnés d'obſervations , & qu'ils prouvent que les Miniſtres , dans tous les tems , ſe ſont fait un jeu de la liberté des Citoyens.

———

L I S T E de quelques perſonnes miſes à la Baſtille en différens tems , avec les ſujets de leur détention.

L E ſieur *André Dubuiſſon* , faux ſorcier, pour avoir fait voir le diable au *Duc d'Olonne* , pour avoir de lui de l'argent (1).

———

(1) L'Auteur de cette feuille avertit qu'il s'eſt fait un devoir ſcrupuleux de ne rien changer aux expreſſions propres du Regiſtre , dans lequel on ſera peut-être étonné qu'on ait mis tant de naïveté & de bonne-foi. Mais on ne pouvoit pas ſuppoſer qu'il vit jamais le jour.

Le nommé *Girard*, faisant le grand espionnage, sans y être autorisé par le Ministère; mis en 1751, sorti en 1762, & transféré à Vincennes par le sieur *Framboisier*, Inspecteur de Police.

Le Pere *Touffaint*, Récollet, donneur de faux avis.

Le sieur *de la Foffe*, en 1751, pour avoir fait voir le Diable à Madame *de Montboissier*.

Les sieurs *Laby* & *d'Autin*, accusés de mauvais propos dont on n'a pas eu la preuve; *detenus un an*.

Le sieur *de Morvan*, Curé de Vincennes, donneur d'avis outrés contre le Janfénisme.

Le sieur *de Veaugean*, pour menaces faites au Ministre de la Guerre.

François *Forcaffi*, Italien, en 1752, frippon qui dupoit les Seigneurs de la Cour en leur donnant des remedes pour rajeunir.

Le sieur *Malbec*, intrigant, pour avoir aidé le Duc de Nivernois à fe ruiner. *A la colonne des obfervations, il eft dit :* Cet homme a une jolie femme.

Le Comte *d'Avergne*, Janséniste, qui apprenoit à son fils à avoir des convulsions.

Le Duc de *Fitzjames*, pour avoir menacé M. *Alexandre*, Chef du Bureau de la Guerre.

Le sieur *Ledoux* fils, miraculé de M. *Páris*.

La Demoiselle *Faulin*, convulsionnaire.

La Demoiselle *Angélique Noel*, pour avoir cassé des vitres chez son père, dans une Convulsion.

Le sieur *Aubert*, gagne denier, crocheteur de la Constitution.

Le sieur *Desforges*, pour vers contre le Roi, transféré au mont Saint-Michel, & mis dans la cage.

Le sieur *Chassan*, pour mauvais propos contre le Roi, la Marquise *de Pompadour* & le Duc *de Richelieu*.

Le sieur *de Bergeron*, pour vers contre Madame *de Pompadour*.

Le sieur Comte *de Thélis*, pour intrigues à la Cour, & pour avoir voulu présenter un placet au Roi, à la chasse.

Le sieur *Fageol*, dissipateur, intrigant..., retenu parce qu'il avoit eu le secret de l'Etat à la poste.

Le sieur Chevalier *de Mouy*, pour avoir manqué d'exécuter les ordres de M. le Lieutenant de Police.

Le sieur *de Monchenu*, Ecuyer du Roi, pour avoir tué son laquais (1).

Le sieur *Robert de Moncamp*, arrêté, pris pour un autre. *On ne voit pas quand il en sorti.*

Le sieur * * pour insulte faite à Mademoiselle Julie, actrice de l'Opéra.

Les nommés * * * auteurs, distributeurs & graveurs de l'Almanach du Diable.

Françoise *Aubillard*, tenant chez elle des Assemblées pour apprendre à faire des convulsions.

L'Abbé *Brunet*, Prêtre, Directeur des convulsionnaires.

---

(1) Celui-ci n'a été détenu que huit jours, sans qu'il soit dit qu'il ait été transféré ailleurs. Ainsi les prisons de la Bastille, qui enfermoient tant de victimes innocentes, servoient aussi à soustraire les vrais coupables au glaive de la Justice.

Le nommé.... laquais , arrêté par précaution , & parce qu'il pouvoit favoir quelque chofe des affaires de fon maître.

Le fieur Abbé *Morellet* , foupçonné de travailler aux Nouvelles eccléfiaftiques.

Jean *Doublet* , dit *Carpentier* , en 1746 , impie digne du feu.

Le fieur *Marmontel* , & le nommé *Bury* , fon domeftique , Auteur d'une Parodie contre M. le Duc *d'Aumont*.

En voilà bien affez pour juftifier la prife & la démolition de la Baftille , fur les ruines de laquelle on va élever un monument à LA LIBERTÉ.

3. M. Necker , que le Roi rappelle , eft attendu avec impatience. Les Spectacles ne feront ouverts qu'à fon retour. Fut-il jamais de triomphe plus grand pour un Miniftre vertueux. Ce nouveau Sully verfera fans doute des larmes de joie en revoyant le Monarque adoré , qui nous rappelle la bonté de Henri IV , qu'il vient de prendre pour modèle.